This book belongs to:

_____

Phone: _____
Email: _____

Published by

Notebooks & Journals

Date _____   Name _____

Dates Requested Off

_____
_____
_____
_____

Reason(s) for Request _____
_____
_____

Employee Signature _____

. . . .

Approved?   YES ☐   NO ☐

Signature _____

Notes _____
_____
_____
_____

Date _____ Name _____

Dates Requested Off

_____
_____
_____
_____

Reason(s) for Request _____
_____
_____

Employee Signature _____

• •

Approved?   YES ☐   NO ☐

Signature _____

Notes _____
_____
_____
_____

Date _____   Name _____

Dates Requested Off

_____

_____

_____

_____

Reason(s) for Request _____

_____

_____

Employee Signature _____

· ·

Approved?   YES ☐   NO ☐

Signature _____

Notes _____

_____

_____

_____

Date _____   Name _____

Dates Requested Off

_____

_____

_____

_____

Reason(s) for Request _____

_____

_____

Employee Signature _____

· ·

Approved?   **YES** ☐   **NO** ☐

Signature _____

Notes _____

_____

_____

_____

Date _____ Name _____

Dates Requested Off

_____
_____
_____
_____

Reason(s) for Request _____
_____
_____

Employee Signature _____

• •

Approved?   YES ☐   NO ☐

Signature _____

Notes _____
_____
_____
_____

Date _____ Name _____

Dates Requested Off

_____
_____
_____
_____

Reason(s) for Request _____
_____
_____

Employee Signature _____

· ·

Approved?   YES ☐   NO ☐

Signature _____

Notes _____
_____
_____
_____

Date _____ Name _____

Dates Requested Off

_____
_____
_____
_____

Reason(s) for Request _____
_____
_____

Employee Signature _____

• •

Approved?   YES ☐   NO ☐

Signature _____

Notes _____
_____
_____
_____

Date _____ **Name** _____

Dates Requested Off

_____

_____

_____

_____

Reason(s) for Request _____

_____

_____

Employee Signature _____

· ·

Approved? **YES** ☐ **NO** ☐

Signature _____

Notes _____

_____

_____

_____

Date _____ Name _____

Dates Requested Off

_____
_____
_____
_____

Reason(s) for Request _____
_____
_____

Employee Signature _____

· ·

Approved?   YES ☐   NO ☐

Signature _____

Notes _____
_____
_____
_____

Date _____   Name _____

Dates Requested Off

_____

_____

_____

_____

Reason(s) for Request _____

_____

_____

Employee Signature _____

• •

Approved?   YES ☐   NO ☐

Signature _____

Notes _____

_____

_____

_____

Date _____   Name _____

Dates Requested Off

_____
_____
_____
_____

Reason(s) for Request _____
_____
_____

Employee Signature _____

• •

Approved?   YES ☐   NO ☐

Signature _____

Notes _____
_____
_____
_____

Date _____   Name _____

Dates Requested Off

_____

_____

_____

_____

Reason(s) for Request _____

_____

_____

Employee Signature _____

. . . .

Approved?   YES ☐   NO ☐

Signature _____

Notes _____

_____

_____

_____

Date _____   Name _____

Dates Requested Off

_____
_____
_____
_____

Reason(s) for Request _____
_____
_____

Employee Signature _____

. . . .

Approved?   YES ☐   NO ☐

Signature _____

Notes _____
_____
_____
_____

Date _____   Name _____

Dates Requested Off

_____

_____

_____

_____

Reason(s) for Request _____

_____

_____

Employee Signature _____

. . . .

Approved?   YES ☐   NO ☐

Signature _____

Notes _____

_____

_____

_____

Date _____ Name _____

Dates Requested Off

_____
_____
_____
_____

Reason(s) for Request _____
_____
_____

Employee Signature _____

· ·

Approved?   YES ☐   NO ☐

Signature _____

Notes _____
_____
_____
_____

Date _____   Name _____

Dates Requested Off

_____

_____

_____

_____

Reason(s) for Request _____

_____

_____

Employee Signature _____

. . . .

Approved?   YES ☐   NO ☐

Signature _____

Notes _____

_____

_____

_____

Date _____ Name _____

Dates Requested Off

_____
_____
_____
_____

Reason(s) for Request _____
_____
_____

Employee Signature _____

. . . .

Approved?   YES ☐   NO ☐

Signature _____

Notes _____
_____
_____
_____

Date _____   Name _____

Dates Requested Off

_____

_____

_____

_____

Reason(s) for Request _____

_____

_____

Employee Signature _____

· ·

Approved?   YES ☐   NO ☐

Signature _____

Notes _____

_____

_____

_____

Date _____   Name _____

Dates Requested Off

_____
_____
_____
_____

Reason(s) for Request _____
_____
_____

Employee Signature _____

· ·

Approved?   YES ☐   NO ☐

Signature _____

Notes _____
_____
_____
_____

Date _____ Name _____

Dates Requested Off

_____
_____
_____
_____

Reason(s) for Request _____
_____
_____

Employee Signature _____

· ·

Approved?   YES ☐   NO ☐

Signature _____

Notes _____
_____
_____
_____

Date _____ Name _____

Dates Requested Off

_____

_____

_____

_____

Reason(s) for Request _____

_____

_____

Employee Signature _____

• •

Approved?   YES ☐   NO ☐

Signature _____

Notes _____

_____

_____

_____

Date _____   Name _____

Dates Requested Off

_____

_____

_____

_____

Reason(s) for Request _____
_____
_____

Employee Signature _____

· ·

Approved?   **YES** ☐   **NO** ☐

Signature _____

Notes _____
_____
_____
_____

Date _____ Name _____

Dates Requested Off

_____
_____
_____
_____

Reason(s) for Request _____
_____
_____

Employee Signature _____

• •

Approved?   YES ☐   NO ☐

Signature _____

Notes _____
_____
_____
_____

Date _____   Name _____

Dates Requested Off

_____

_____

_____

_____

Reason(s) for Request _____

_____

_____

Employee Signature _____

• •

Approved?   YES ☐   NO ☐

Signature _____

Notes _____

_____

_____

_____

Date _____ Name _____

Dates Requested Off

_____
_____
_____
_____

Reason(s) for Request _____
_____
_____

Employee Signature _____

· ·

Approved?   YES ☐   NO ☐

Signature _____

Notes _____
_____
_____
_____

Date _____   Name _____

Dates Requested Off

_____
_____
_____
_____

Reason(s) for Request _____
_____
_____

Employee Signature _____

· ·

Approved?   YES ☐   NO ☐

Signature _____

Notes _____
_____
_____
_____

Date _____ Name _____

Dates Requested Off

_____

_____

_____

_____

Reason(s) for Request _____

_____

_____

Employee Signature _____

· ·

Approved?   YES ☐   NO ☐

Signature _____

Notes _____

_____

_____

_____

Date _____   Name _____

Dates Requested Off

_____

_____

_____

_____

Reason(s) for Request _____
_____
_____

Employee Signature _____

· ·

Approved?   YES ☐   NO ☐

Signature _____

Notes _____
_____
_____
_____

Date _____   Name _____

Dates Requested Off

_____

_____

_____

_____

Reason(s) for Request _____

_____

_____

Employee Signature _____

• •

Approved?   YES ☐   NO ☐

Signature _____

Notes _____

_____

_____

_____

Date _____   Name _____

Dates Requested Off

_____

_____

_____

_____

Reason(s) for Request _____

_____

_____

Employee Signature _____

· ·

Approved?   **YES** ☐   **NO** ☐

Signature _____

Notes _____

_____

_____

_____

Date _____ Name _____

Dates Requested Off

_____

_____

_____

_____

Reason(s) for Request _____

_____

_____

Employee Signature _____

· ·

Approved?   YES ☐   NO ☐

Signature _____

Notes _____

_____

_____

_____

Date _____ **Name** _____

Dates Requested Off

_____

_____

_____

_____

Reason(s) for Request _____

_____

_____

Employee Signature _____

· ·

Approved?   **YES** ☐   **NO** ☐

Signature _____

Notes _____

_____

_____

_____

Date _____   Name _____

Dates Requested Off

_____

_____

_____

_____

Reason(s) for Request _____

_____

_____

Employee Signature _____

· ·

Approved?   YES ☐   NO ☐

Signature _____

Notes _____

_____

_____

_____

Date _____ Name _____

Dates Requested Off

_____

_____

_____

_____

Reason(s) for Request _____

_____

_____

Employee Signature _____

• •

Approved?   YES ☐   NO ☐

Signature _____

Notes _____

_____

_____

_____

Date _____ **Name** _____

Dates Requested Off

_____

_____

_____

_____

Reason(s) for Request _____
_____
_____

Employee Signature _____

· ·

Approved?   **YES** ☐   **NO** ☐

Signature _____

Notes _____
_____
_____
_____

Date _____ **Name** _____

Dates Requested Off

_____

_____

_____

_____

Reason(s) for Request _____

_____

_____

Employee Signature _____

· ·

Approved?   **YES** ☐   **NO** ☐

Signature _____

Notes _____

_____

_____

_____

Date _____ Name _____

Dates Requested Off

_____

_____

_____

_____

Reason(s) for Request _____

_____

_____

Employee Signature _____

• •

Approved?   YES ☐   NO ☐

Signature _____

Notes _____

_____

_____

_____

Date _____   Name _____

Dates Requested Off

_____
_____
_____
_____

Reason(s) for Request _____
_____
_____

Employee Signature _____

· ·

Approved?   YES ☐   NO ☐

Signature _____

Notes _____
_____
_____
_____

Date _____ Name _____

Dates Requested Off

_____
_____
_____
_____

Reason(s) for Request _____
_____
_____

Employee Signature _____

· ·

Approved?   YES ☐   NO ☐

Signature _____

Notes _____
_____
_____
_____

Date _____ Name _____

Dates Requested Off

_____
_____
_____
_____

Reason(s) for Request _____
_____
_____

Employee Signature _____

· ·

Approved?   **YES** ☐   **NO** ☐

Signature _____

Notes _____
_____
_____
_____

Date _____ Name _____

Dates Requested Off

_____
_____
_____
_____

Reason(s) for Request _____
_____
_____

Employee Signature _____

· ·

Approved?   YES ☐   NO ☐

Signature _____

Notes _____
_____
_____
_____

Date _____   Name _____

Dates Requested Off

_____

_____

_____

_____

Reason(s) for Request _____

_____

_____

Employee Signature _____

• •

Approved?   **YES** ☐   **NO** ☐

Signature _____

Notes _____

_____

_____

_____

Date _____ Name _____

Dates Requested Off

_____
_____
_____
_____

Reason(s) for Request _____
_____
_____

Employee Signature _____

. . . .

Approved?   YES ☐   NO ☐

Signature _____

Notes _____
_____
_____
_____

Date _____ **Name** _____

Dates Requested Off

_____

_____

_____

_____

Reason(s) for Request _____

_____

_____

Employee Signature _____

• •

Approved?   YES ☐   NO ☐

Signature _____

Notes _____

_____

_____

_____

Date _____   Name _____

Dates Requested Off

_____

_____

_____

_____

Reason(s) for Request _____

_____

_____

Employee Signature _____

· ·

Approved?   YES ☐   NO ☐

Signature _____

Notes _____

_____

_____

_____

Date _____   Name _____

Dates Requested Off

_____

_____

_____

_____

Reason(s) for Request _____

_____

_____

Employee Signature _____

. . . .

Approved?   YES ☐   NO ☐

Signature _____

Notes _____

_____

_____

_____

Date _____   **Name** _____

Dates Requested Off

_____
_____
_____
_____

Reason(s) for Request _____
_____
_____

Employee Signature _____

• •

Approved?   YES ☐   NO ☐

Signature _____

Notes _____
_____
_____
_____

Date _____   Name _____

Dates Requested Off

_____

_____

_____

_____

Reason(s) for Request _____

_____

_____

Employee Signature _____

· ·

Approved?   YES ☐   NO ☐

Signature _____

Notes _____

_____

_____

_____

Date _____ Name _____

Dates Requested Off

_____
_____
_____
_____

Reason(s) for Request _____
_____
_____

Employee Signature _____

• •

Approved?   YES ☐   NO ☐

Signature _____

Notes _____
_____
_____
_____

Date _____   **Name** _____

Dates Requested Off

_____
_____
_____
_____

Reason(s) for Request _____
_____
_____

Employee Signature _____

. . . .

Approved?   YES ☐   NO ☐

Signature _____

Notes _____
_____
_____
_____

Date _____   Name _____

Dates Requested Off

_____

_____

_____

_____

Reason(s) for Request _____
_____
_____

Employee Signature _____

· ·

Approved?   YES ☐   NO ☐

Signature _____

Notes _____
_____
_____
_____

Date _____ Name _____

Dates Requested Off

_____

_____

_____

_____

Reason(s) for Request _____

_____

_____

Employee Signature _____

· ·

Approved?   YES ☐   NO ☐

Signature _____

Notes _____

_____

_____

_____

Date _____ **Name** _____

Dates Requested Off

_____

_____

_____

_____

Reason(s) for Request _____

_____

_____

Employee Signature _____

· ·

Approved?   **YES** ☐   **NO** ☐

Signature _____

Notes _____

_____

_____

_____

Date _____   Name _____

Dates Requested Off

_____

_____

_____

_____

Reason(s) for Request _____

_____

_____

Employee Signature _____

• •

Approved?   YES ☐   NO ☐

Signature _____

Notes _____

_____

_____

_____

Date _____   Name _____

Dates Requested Off

_____
_____
_____
_____

Reason(s) for Request _____
_____
_____

Employee Signature _____

• •

Approved?   YES ☐   NO ☐

Signature _____

Notes _____
_____
_____
_____

Date _____ **Name** _____

Dates Requested Off

_____
_____
_____
_____

Reason(s) for Request _____
_____
_____

Employee Signature _____

. . . .

Approved?   YES ☐   NO ☐

Signature _____

Notes _____
_____
_____
_____

Date _____   Name _____

Dates Requested Off

_____
_____
_____
_____

Reason(s) for Request _____
_____
_____

Employee Signature _____

· ·

Approved?   YES ☐   NO ☐

Signature _____

Notes _____
_____
_____
_____

Date _____   Name _____

Dates Requested Off

_____

_____

_____

_____

Reason(s) for Request _____

_____

_____

Employee Signature _____

. . . .

Approved?   YES ☐   NO ☐

Signature _____

Notes _____

_____

_____

_____

Date _____   Name _____

Dates Requested Off

_____

_____

_____

_____

Reason(s) for Request _____

_____

_____

Employee Signature _____

· ·

Approved?   YES ☐   NO ☐

Signature _____

Notes _____

_____

_____

_____

Date _____ Name _____

Dates Requested Off

_____

_____

_____

_____

Reason(s) for Request _____

_____

_____

Employee Signature _____

· ·

Approved?   YES ☐   NO ☐

Signature _____

Notes _____

_____

_____

_____

Date _____ Name _____

Dates Requested Off

_____
_____
_____
_____

Reason(s) for Request _____
_____
_____

Employee Signature _____

· ·

Approved?   YES ☐   NO ☐

Signature _____

Notes _____
_____
_____
_____

Date _____   Name _____

Dates Requested Off

_____
_____
_____
_____

Reason(s) for Request _____
_____
_____

Employee Signature _____

· ·

Approved?   YES ☐   NO ☐

Signature _____

Notes _____
_____
_____
_____

Date _____ Name _____

Dates Requested Off

_____
_____
_____
_____

Reason(s) for Request _____
_____
_____

Employee Signature _____

· ·

Approved?   YES ☐   NO ☐

Signature _____

Notes _____
_____
_____
_____

Date _____   Name _____

Dates Requested Off

_____

_____

_____

_____

Reason(s) for Request _____
_____
_____

Employee Signature _____

· ·

Approved?   YES ☐   NO ☐

Signature _____

Notes _____
_____
_____
_____

Date _____   Name _____

Dates Requested Off

_____
_____
_____
_____

Reason(s) for Request _____
_____
_____

Employee Signature _____

· ·

Approved?   YES ☐   NO ☐

Signature _____

Notes _____
_____
_____
_____

Date _____   Name _____

Dates Requested Off

_____

_____

_____

_____

Reason(s) for Request _____

_____

_____

Employee Signature _____

. . . .

Approved?   YES ☐   NO ☐

Signature _____

Notes _____

_____

_____

_____

Date _____   Name _____

Dates Requested Off

_____
_____
_____
_____

Reason(s) for Request _____
_____
_____

Employee Signature _____

• •

Approved?   YES ☐   NO ☐

Signature _____

Notes _____
_____
_____
_____

Date _____   Name _____

Dates Requested Off

_____

_____

_____

_____

Reason(s) for Request _____

_____

_____

Employee Signature _____

· ·

Approved?   YES ☐   NO ☐

Signature _____

Notes _____

_____

_____

_____

Date _____   Name _____

Dates Requested Off

_____
_____
_____
_____

Reason(s) for Request _____
_____
_____

Employee Signature _____

. . . .

Approved?   YES ☐   NO ☐

Signature _____

Notes _____
_____
_____
_____

Date _____   Name _____

Dates Requested Off

_____
_____
_____
_____

Reason(s) for Request _____
_____
_____

Employee Signature _____

· ·

Approved?   YES ☐   NO ☐

Signature _____

Notes _____
_____
_____
_____

Date _____   Name _____

Dates Requested Off

_____
_____
_____
_____

Reason(s) for Request _____
_____
_____

Employee Signature _____

· ·

Approved?   YES ☐   NO ☐

Signature _____

Notes _____
_____
_____
_____

Date _____   Name _____

Dates Requested Off

_____
_____
_____
_____

Reason(s) for Request _____
_____
_____

Employee Signature _____

• •

Approved?   YES ☐   NO ☐

Signature _____

Notes _____
_____
_____
_____

Date _____ Name _____

Dates Requested Off

_____

_____

_____

_____

Reason(s) for Request _____

_____

_____

Employee Signature _____

· ·

Approved? YES ☐ NO ☐

Signature _____

Notes _____

_____

_____

_____

Date _____ **Name** _____

Dates Requested Off

_____
_____
_____
_____

Reason(s) for Request _____
_____
_____

Employee Signature _____

· ·

Approved?   **YES** ☐   **NO** ☐

Signature _____

Notes _____
_____
_____
_____

Date _____ Name _____

Dates Requested Off

_____
_____
_____
_____

Reason(s) for Request _____
_____
_____

Employee Signature _____

• •

Approved?   YES ☐   NO ☐

Signature _____

Notes _____
_____
_____
_____

Date _____ Name _____

Dates Requested Off

_____

_____

_____

_____

Reason(s) for Request _____

_____

_____

Employee Signature _____

· ·

Approved?   YES ☐   NO ☐

Signature _____

Notes _____

_____

_____

_____

Date _____   **Name** _____

Dates Requested Off

_____
_____
_____
_____

Reason(s) for Request _____
_____
_____

Employee Signature _____

· ·

Approved?   **YES** ☐   **NO** ☐

Signature _____

Notes _____
_____
_____
_____

Date _____   Name _____

Dates Requested Off

_____
_____
_____
_____

Reason(s) for Request _____
_____
_____

Employee Signature _____

· ·

Approved?   YES ☐   NO ☐

Signature _____

Notes _____
_____
_____
_____

Date _____   Name _____

Dates Requested Off

_____
_____
_____
_____

Reason(s) for Request _____
_____
_____

Employee Signature _____

· ·

Approved?   YES ☐   NO ☐

Signature _____

Notes _____
_____
_____
_____

Date _____   Name _____

Dates Requested Off

_____
_____
_____
_____

Reason(s) for Request _____
_____
_____

Employee Signature _____

• •

Approved?   YES ☐   NO ☐

Signature _____

Notes _____
_____
_____
_____

Date _____ Name _____

Dates Requested Off

_____
_____
_____
_____

Reason(s) for Request _____
_____
_____

Employee Signature _____

· ·

Approved?   YES ☐   NO ☐

Signature _____

Notes _____
_____
_____
_____

Date _____ Name _____

Dates Requested Off

_____
_____
_____
_____

Reason(s) for Request _____
_____
_____

Employee Signature _____

• •

Approved?   YES ☐   NO ☐

Signature _____

Notes _____
_____
_____
_____

Date _____   Name _____

Dates Requested Off

_____

_____

_____

_____

Reason(s) for Request _____

_____

_____

Employee Signature _____

• •

Approved?   YES ☐   NO ☐

Signature _____

Notes _____

_____

_____

_____

Date _____   Name _____

Dates Requested Off

_____

_____

_____

_____

Reason(s) for Request _____

_____

_____

Employee Signature _____

· ·

Approved?   YES ☐   NO ☐

Signature _____

Notes _____

_____

_____

_____

Date _____ Name _____

Dates Requested Off

_____
_____
_____
_____

Reason(s) for Request _____
_____
_____

Employee Signature _____

· ·

Approved?   YES ☐   NO ☐

Signature _____

Notes _____
_____
_____
_____

Date _____ Name _____

Dates Requested Off

_____
_____
_____
_____

Reason(s) for Request _____
_____
_____

Employee Signature _____

· ·

Approved?   YES ☐   NO ☐

Signature _____

Notes _____
_____
_____
_____

Date _____ Name _____

Dates Requested Off

_____
_____
_____
_____

Reason(s) for Request _____
_____
_____

Employee Signature _____

· ·

Approved?   YES ☐   NO ☐

Signature _____

Notes _____
_____
_____
_____

Date _____   Name _____

Dates Requested Off

_____

_____

_____

_____

Reason(s) for Request _____

_____

_____

Employee Signature _____

· ·

Approved?   YES ☐   NO ☐

Signature _____

Notes _____

_____

_____

_____

Date _____ Name _____

Dates Requested Off

_____
_____
_____
_____

Reason(s) for Request _____
_____
_____

Employee Signature _____

· ·

Approved?   YES ☐   NO ☐

Signature _____

Notes _____
_____
_____
_____

Date _____   Name _____

Dates Requested Off

_____

_____

_____

_____

Reason(s) for Request _____

_____

_____

Employee Signature _____

• •

Approved?   YES ☐   NO ☐

Signature _____

Notes _____

_____

_____

_____

Date _____ Name _____

Dates Requested Off

_____
_____
_____
_____

Reason(s) for Request _____
_____
_____

Employee Signature _____

· ·

Approved?   YES ☐   NO ☐

Signature _____

Notes _____
_____
_____
_____

Date _____ **Name** _____

Dates Requested Off

_____

_____

_____

_____

Reason(s) for Request _____

_____

_____

Employee Signature _____

· ·

Approved?   YES ☐   NO ☐

Signature _____

Notes _____

_____

_____

_____

Date _____ **Name** _____

Dates Requested Off

_____
_____
_____
_____

Reason(s) for Request _____
_____
_____

Employee Signature _____

· ·

Approved?   **YES** ☐   **NO** ☐

Signature _____

Notes _____
_____
_____
_____

Date _____   Name _____

Dates Requested Off

_____

_____

_____

_____

Reason(s) for Request _____

_____

_____

Employee Signature _____

• •

Approved?   YES ☐   NO ☐

Signature _____

Notes _____

_____

_____

_____

Date _____ Name _____

Dates Requested Off

_____
_____
_____
_____

Reason(s) for Request _____
_____
_____

Employee Signature _____

· ·

Approved?   YES ☐   NO ☐

Signature _____

Notes _____
_____
_____
_____

Date _____   Name _____

Dates Requested Off

_____

_____

_____

_____

Reason(s) for Request _____

_____

_____

Employee Signature _____

· ·

Approved?   YES ☐   NO ☐

Signature _____

Notes _____

_____

_____

_____

Date _____ Name _____

Dates Requested Off

_____
_____
_____
_____

Reason(s) for Request _____
_____
_____

Employee Signature _____

· ·

Approved?   YES ☐   NO ☐

Signature _____

Notes _____
_____
_____
_____

Date _____ Name _____

Dates Requested Off

_____
_____
_____
_____

Reason(s) for Request _____
_____
_____

Employee Signature _____

• •

Approved?   YES ☐   NO ☐

Signature _____

Notes _____
_____
_____
_____

Date _____   Name _____

Dates Requested Off

_____
_____
_____
_____

Reason(s) for Request _____
_____
_____

Employee Signature _____

· ·

Approved?   YES ☐   NO ☐

Signature _____

Notes _____
_____
_____
_____

Date _____   Name _____

Dates Requested Off

_____

_____

_____

_____

Reason(s) for Request _____

_____

_____

Employee Signature _____

· ·

Approved?   **YES** ☐   **NO** ☐

Signature _____

Notes _____

_____

_____

_____

Date _____ **Name** _____

Dates Requested Off

_____

_____

_____

_____

Reason(s) for Request _____

_____

_____

Employee Signature _____

· ·

Approved?   **YES** ☐   **NO** ☐

Signature _____

Notes _____

_____

_____

_____

Date _____   Name _____

Dates Requested Off

_____

_____

_____

_____

Reason(s) for Request _____

_____

_____

Employee Signature _____

· ·

Approved?   YES ☐   NO ☐

Signature _____

Notes _____

_____

_____

_____

Date _____   Name _____

Dates Requested Off

_____
_____
_____
_____

Reason(s) for Request _____
_____
_____

Employee Signature _____

· ·

Approved?   YES ☐   NO ☐

Signature _____

Notes _____
_____
_____
_____

Date _____   Name _____

Dates Requested Off

_____
_____
_____
_____

Reason(s) for Request _____
_____
_____

Employee Signature _____

. . . .

Approved?   YES ☐   NO ☐

Signature _____

Notes _____
_____
_____
_____

Date _____ Name _____

Dates Requested Off

_____
_____
_____
_____

Reason(s) for Request _____
_____
_____

Employee Signature _____

· ·

Approved?   YES ☐   NO ☐

Signature _____

Notes _____
_____
_____
_____

Date _____ **Name** _____

Dates Requested Off

_____

_____

_____

_____

Reason(s) for Request _____

_____

_____

Employee Signature _____

· ·

Approved?   **YES** ☐   **NO** ☐

Signature _____

Notes _____

_____

_____

_____

Date _____ Name _____

Dates Requested Off

_____
_____
_____
_____

Reason(s) for Request _____
_____
_____

Employee Signature _____

· ·

Approved?   **YES** ☐   **NO** ☐

Signature _____

Notes _____
_____
_____
_____

Date _____   Name _____

Dates Requested Off

_____

_____

_____

_____

Reason(s) for Request _____

_____

_____

Employee Signature _____

• •

Approved?   YES ☐   NO ☐

Signature _____

Notes _____

_____

_____

_____

Date _____ Name _____

Dates Requested Off

_____
_____
_____
_____

Reason(s) for Request _____
_____
_____

Employee Signature _____

· ·

Approved? YES ☐   NO ☐

Signature _____

Notes _____
_____
_____
_____

Date _____ Name _____

Dates Requested Off

_____
_____
_____
_____

Reason(s) for Request _____
_____
_____

Employee Signature _____

· ·

Approved?   YES ☐   NO ☐

Signature _____

Notes _____
_____
_____
_____

Date _____ Name _____

Dates Requested Off

_____
_____
_____
_____

Reason(s) for Request _____
_____
_____

Employee Signature _____

· ·

Approved?   YES ☐   NO ☐

Signature _____

Notes _____
_____
_____
_____

Date _____   Name _____

Dates Requested Off

_____

_____

_____

_____

Reason(s) for Request _____

_____

_____

Employee Signature _____

· ·

Approved?   YES ☐   NO ☐

Signature _____

Notes _____

_____

_____

_____

Date _____   Name _____

Dates Requested Off

_____
_____
_____
_____

Reason(s) for Request _____
_____
_____

Employee Signature _____

· ·

Approved?   YES ☐   NO ☐

Signature _____

Notes _____
_____
_____
_____

Date _____   Name _____

Dates Requested Off

_____

_____

_____

_____

Reason(s) for Request _____

_____

_____

Employee Signature _____

. . . .

Approved?   YES ☐   NO ☐

Signature _____

Notes _____

_____

_____

_____

Date _____ **Name** _____

Dates Requested Off

_____

_____

_____

_____

Reason(s) for Request _____
_____
_____

Employee Signature _____

· ·

Approved?   **YES** ☐   **NO** ☐

Signature _____

Notes _____
_____
_____
_____

Date _____   Name _____

Dates Requested Off

_____

_____

_____

_____

Reason(s) for Request _____

_____

_____

Employee Signature _____

· ·

Approved?   YES ☐   NO ☐

Signature _____

Notes _____

_____

_____

_____

Date _____   Name _____

Dates Requested Off

_____
_____
_____
_____

Reason(s) for Request _____
_____
_____

Employee Signature _____

· ·

Approved?   YES ☐   NO ☐

Signature _____

Notes _____
_____
_____
_____

Date _____   Name _____

Dates Requested Off

_____

_____

_____

_____

Reason(s) for Request _____

_____

_____

Employee Signature _____

• •

Approved?   YES ☐   NO ☐

Signature _____

Notes _____

_____

_____

_____

Date _____   Name _____

Dates Requested Off

_____
_____
_____
_____

Reason(s) for Request _____
_____
_____

Employee Signature _____

· ·

Approved?   YES ☐   NO ☐

Signature _____

Notes _____
_____
_____
_____

Date _____ Name _____

Dates Requested Off

_____

_____

_____

_____

Reason(s) for Request _____

_____

_____

Employee Signature _____

· ·

Approved?   YES ☐   NO ☐

Signature _____

Notes _____

_____

_____

_____

Date _____ Name _____

Dates Requested Off

_____
_____
_____
_____

Reason(s) for Request _____
_____
_____

Employee Signature _____

• •

Approved?   YES ☐   NO ☐

Signature _____

Notes _____
_____
_____
_____

Date _____   Name _____

Dates Requested Off

_____
_____
_____
_____

Reason(s) for Request _____
_____
_____

Employee Signature _____

. . . .

Approved?   YES ☐   NO ☐

Signature _____

Notes _____
_____
_____
_____

Date _____   **Name** _____

Dates Requested Off

_____
_____
_____
_____

Reason(s) for Request _____
_____
_____

Employee Signature _____

. . . .

Approved?   **YES** ☐   **NO** ☐

Signature _____

Notes _____
_____
_____
_____

Date _____   Name _____

Dates Requested Off

_____

_____

_____

_____

Reason(s) for Request _____

_____

_____

Employee Signature _____

• •

Approved?   YES ☐   NO ☐

Signature _____

Notes _____

_____

_____

_____

Date _____   Name _____

Dates Requested Off

_____
_____
_____
_____

Reason(s) for Request _____
_____
_____

Employee Signature _____

· ·

Approved?   YES ☐   NO ☐

Signature _____

Notes _____
_____
_____
_____

Date _____   Name _____

Dates Requested Off

_____

_____

_____

_____

Reason(s) for Request _____

_____

_____

Employee Signature _____

· ·

Approved?   YES ☐   NO ☐

Signature _____

Notes _____

_____

_____

_____

Date _____ Name _____

Dates Requested Off

_____
_____
_____
_____

Reason(s) for Request _____
_____
_____

Employee Signature _____

· ·

Approved?   YES ☐   NO ☐

Signature _____

Notes _____
_____
_____
_____

Date _____ Name _____

Dates Requested Off

_____
_____
_____
_____

Reason(s) for Request _____
_____
_____

Employee Signature _____

• •

Approved?   YES ☐   NO ☐

Signature _____

Notes _____
_____
_____
_____

Date _____   Name _____

Dates Requested Off

_____
_____
_____
_____

Reason(s) for Request _____
_____
_____

Employee Signature _____

• •

Approved?   YES ☐   NO ☐

Signature _____

Notes _____
_____
_____
_____

Date _____ **Name** _____

Dates Requested Off

_____

_____

_____

_____

Reason(s) for Request _____

_____

_____

Employee Signature _____

• •

Approved?   **YES** ☐   **NO** ☐

Signature _____

Notes _____

_____

_____

_____

Date _____ Name _____

Dates Requested Off

_____
_____
_____
_____

Reason(s) for Request _____
_____
_____

Employee Signature _____

· ·

Approved?   YES ☐   NO ☐

Signature _____

Notes _____
_____
_____
_____

Date _____ Name _____

Dates Requested Off

_____

_____

_____

_____

Reason(s) for Request _____

_____

_____

Employee Signature _____

· ·

Approved?   YES ☐   NO ☐

Signature _____

Notes _____

_____

_____

_____

Date _____   Name _____

Dates Requested Off

_____
_____
_____
_____

Reason(s) for Request _____
_____
_____

Employee Signature _____

· ·

Approved?   YES ☐   NO ☐

Signature _____

Notes _____
_____
_____
_____

Date _____ **Name** _____

Dates Requested Off

_____
_____
_____
_____

Reason(s) for Request _____
_____
_____

Employee Signature _____

· ·

Approved?   **YES** ☐   **NO** ☐

Signature _____

Notes _____
_____
_____
_____

Date _____ **Name** _____

Dates Requested Off

_____
_____
_____
_____

Reason(s) for Request _____
_____
_____

Employee Signature _____

• •

Approved?   YES ☐   NO ☐

Signature _____

Notes _____
_____
_____
_____

Date _____   Name _____

Dates Requested Off

_____
_____
_____
_____

Reason(s) for Request _____
_____
_____

Employee Signature _____

· ·

Approved?   YES ☐   NO ☐

Signature _____

Notes _____
_____
_____
_____

Date _____ Name _____

Dates Requested Off

_____
_____
_____
_____

Reason(s) for Request _____
_____
_____

Employee Signature _____

· ·

Approved?   YES ☐   NO ☐

Signature _____

Notes _____
_____
_____
_____

Date _____   Name _____

Dates Requested Off

_____

_____

_____

_____

Reason(s) for Request _____
_____
_____

Employee Signature _____

• •

Approved?   YES ☐   NO ☐

Signature _____

Notes _____
_____
_____
_____

Date _____ Name _____

Dates Requested Off

_____
_____
_____
_____

Reason(s) for Request _____
_____
_____

Employee Signature _____

. . . .

Approved?   YES ☐   NO ☐

Signature _____

Notes _____
_____
_____
_____

Date _____ Name _____

Dates Requested Off

_____
_____
_____
_____

Reason(s) for Request _____
_____
_____

Employee Signature _____

· ·

Approved? YES ☐ NO ☐

Signature _____

Notes _____
_____
_____
_____

Made in the USA
Monee, IL
11 January 2022